RÉFLEXIONS

Présentées par le père Antonio de CASARES,

CAPUCIN ESPAGNOL,

Sur la défense qui lui a été faite par monseigneur l'Archevêque de Paris

DE CÉLÉBRER LA SAINTE MESSE.

Le 28 du mois d'octobre dernier on me communiqua un ordre de Monseigneur l'Archevêque de Paris, qui m'interdisait de célébrer la sainte messe parce que j'écrivais sur des sujets politiques. Surpris de cette mesure que rien ne justifiait, je fis imprimer de suite un article destiné aux journaux, dans lequel je me plaignais de ce procédé, que je qualifiais · « injuste, illégal et contraire aux lois de l'Eglise ; » j'ajoutais aussi : « qu'on avait agi envers moi légèrement et par esprit de parti. » — Après cette publication j'ai attendu pour voir si Monseigneur l'Archevêque, ou quelqu'un en son nom, défendrait la mesure dont j'avais été l'objet ; mais jusqu'à ce jour personne n'a répondu. Je vais donc développer ma pensée, et prouver que je n'ai pas porté un jugement trop sévère sur cette mesure, lorsque j'ai dit qu'elle était « injuste, illégale et contraire aux lois de l'Eglise. »

Avant d'examiner la question de savoir si les ecclésiastiques peuvent se mêler d'affaires politiques, et si une loi

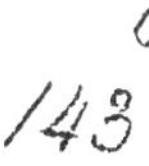

sur cette matière serait nulle par sa nature, je vais faire quelques observations.

1° Dans la mesure prise contre moi il n'y a rien de personnel ; on n'a rien dit sur ma conduite privée ; et, quant à la politique en elle-même, on m'avait assuré qu'on respectait mes convictions : c'est donc entièrement sur les principes politiques que je professe ; comme Espagnol et comme ecclésiastique, l'honneur du clergé espagnol et l'esprit national sont pour quelque chose dans la question.

2° Un pamphlet anonyme avait été publié contre moi. Cet écrit était conçu dans des termes si violens que le procureur du roi, M. Partarieu-Lafosse, dans une conversation que j'eus avec lui, le qualifia d'injure publique, ajoutant qu'il méritait toute la sévérité des lois. Je ne crus pas devoir laisser ce pamphlet sans réponse ; je publiai une brochure qui a pour titre : *Conseil aux Marotistes*, dans laquelle je traitai de la manière que je jugeai convenable le lâche qui m'attaquait, en cachant sa bassesse et son ignominie sous le voile de l'anonyme ; cet écrit fut mis en circulation dans l'après-midi du 27 octobre, quelques heures seulement avant la signature de l'ordre qui me défendait de célébrer la sainte messe !! Cette coïncidence assez extraordinaire donne lieu à des réflexions peu favorables à Monseigneur l'Archevêque de Paris.

3° Je ne suis à Paris que momentanément ; j'ai mon passeport signé pour Londres, par conséquent Monseigneur l'Archevêque de Paris ne peut être considéré comme *mon archevêque* ; il ne l'est ni en raison du domicile, ni de mon origine, ni parce que je desserts un bénéfice émanant de lui, qui sont les trois motifs désignés par les lois canoniques pour qu'un évêque puisse être considéré comme l'évêque dont on dépend. J'ai présenté mes titres de prêtrise, et, comme il est d'usage dans toute l'Eglise catholique, on ne pouvait exiger autre chose de moi ; les lois de l'hospitalité semblaient aussi réclamer qu'on agît ainsi envers un malheureux exilé.

4° Comme membre d'un ordre religieux, j'ai l'autorisation du pape pour célébrer selon les doctrines des théologiens et canonistes, et parce que j'ai eu le malheur d'être expulsé de mon couvent et de ma patrie par les révolutionnaires, cette circonstance ne peut servir de prétexte pour qu'on m'enlève une faculté accordée par les papes, les conciles et reconnue dans tout le monde chrétien.

5° Comme j'ai écrit contre les partisans du juste-milieu et que j'ai fait tous les efforts en mon pouvoir pour empêcher l'introduction en Espagne de ce système qui possède, selon l'opinion publique, toutes les sympathies de Monseigneur l'Archevêque de Paris, la mesure prise par Sa Grandeur contre moi n'est pas tout à fait impartiale ; il semble qu'il se soit proposé de châtier en ma personne tous ceux qui sont opposés à ce système approuvé et défendu par lui. Après ces observations, je passe à l'examen de la loi qui défend aux ecclésiastiques de s'occuper de politique.

Je demande où se trouve cette loi ? Quant à moi je ne connaissais pas son existence ; depuis qu'elle m'a été appliquée, j'ai cherché à savoir quand, comment et par qui elle a été rendue. Tous ceux à qui je me suis adressé sont aussi ignorans que moi sur l'existence de la loi et sur l'époque de sa promulgation, si elle existe en effet. Ce qu'il y a de certain, c'est que cette loi, dont l'existence est ignorée, impose cependant une des plus graves peines reconnues par la législation ecclésiastique. Anciennement on agissait autrement ; mais avec les lumières du siècle et les bienfaits de la civilisation, tout change ; et, comme mes idées sont arriérées de deux siècles, il n'est pas étonnant que cette mesure de nouvelle date m'ait surpris. A l'avenir il n'en sera plus ainsi.

Toutes mes recherches ont abouti à me prouver qu'il n'y a rien de connu sur la loi en question, que ce que le *Moniteur de Paris* en a dit dans son numéro du 29 octobre dernier : « Que Monseigneur l'Archevêque de Paris ne voulait pas que les ecclésiastiques se mêlassent de politique, et que c'était pour cela qu'il me défendait de célébrer la sainte messe. » Il serait curieux de savoir si le *Moniteur* est aussi le journal officiel de Monseigneur l'Archevêque de Paris, et s'il sert à promulguer les lois ecclésiastiques ; ce serait une précieuse trouvaille : on pourrait ainsi imposer des peines, et après en justifier l'application par des lois qu'on publierait à cet effet.

Mais en supposant que cette loi existât, pourrait-elle être mise à exécution ? Non, parce que toute loi doit être juste et avoir un but d'utilité, et celle-ci ne présenterait ni l'une ni l'autre de ces qualités requises. La politique est une science comme une autre, elle est basée sur la religion, elle a ses règles et ses principes ; pourquoi serait-il défendu aux ecclésiastiques d'étudier ces règles, ces principes et la manière de les appliquer ? Y a-t-il quelque science dont l'étude soit prohibée aux ecclésiastiques ? Non ! Eh bien s'ils peuvent s'adonner à l'étude de toutes les sciences humaines, pourquoi ne pourraient-ils pas s'occuper de celle qui est plus à la portée de tout le monde, de celle qui est plus étroitement liée au bien-être et à la félicité des peuples ? Les ecclésiastiques ne font-ils pas partie de la société ? La patrie n'existe-t-elle pas pour eux comme pour le reste des hommes ? Ne leur est-il pas per-

mis de réchauffer leur cœur au feu sacré de l'amour de
la patrie? Depuis quand a-t-on découvert cette incompatibilité entre le sacerdoce et la politique? Veut-on isoler
entièrement le clergé pour qu'il perde son influence sur
les hommes, et que par suite la société tombe dans l'a-
théisme? S'appuiera-t-on pour cela sur la parole de notre
Seigneur Jésus-Christ, qui a dit : « Mon royaume n'est
pas de ce monde. » Mais ce serait faire un détestable abus
de cette maxime du Sauveur du monde ! Ce serait renou-
veler le scandale donné par les ennemis du christianisme
qui se sont, eux aussi, appuyés sur ces paroles divines
pour enlever à l'Église ses priviléges, ses biens et jusqu'à
sa discipline ! Et si une pareille doctrine était admise, que
d'absurdités, grand Dieu ! Les ecclésiastiques ne pourraient lire des ouvrages de philosophie, encore moins
en écrire, car dans tous les ouvrages sur la philosophie il
est parlé de politique, on y discute sur la nature des gou-
vernemens. Les ecclésiastiques ne pourraient pas non
plus combattre, comme contraires à la religion et au
bonheur des peuples, les systèmes absurdes de Hobes, de
Rousseau, de Barbeirat; ils ne pourraient pas expliquer
les œuvres canoniques, car, pour le bien faire, il faut ab-
solument agiter des questions politiques. Mais ce qui est
monstrueux, ils ne pourraient enseigner les Écritures
saintes, l'ancien et le nouveau Testament; ils ne pourraient
en interpréter le sens, de crainte de contrevenir à la loi
qui leur défendrait de se mêler de politique; personne
n'ignore que dans les Écritures saintes se trouvent les
grandes maximes de la vraie politique.

D'après cette loi, il faudrait condamner saint Thomas-
d'Aquin, le plus grand théologien que l'Église révère;
saint Thomas-d'Aquin a écrit sur la politique, et ce saint
qui jusqu'à ce jour a été admiré pas les hommes pieux et

éclairés de toutes les nations, devrait, selon l'opinion de Monseigneur l'Archevêque de Paris, être à l'avenir censuré; il faudrait aussi anathématiser les profonds théologiens Suarez et Vasquez; tous deux ont beaucoup écrit sur la politique, et avec tant de talent qu'ils ont pris rang parmi les plus grands publicistes.

Par sa nouvelle doctrine, Monseigneur l'Achevêque de Paris désapprouverait la conduite de ses compatriotes Bossuet, Fénélon, Torel. Massillon, qui, dans l'oraison funèbre de M. de Villars, archevêque de Lyon, parle de lui surtout comme d'un grand politique; enfin, il lui faudrait condamner toutes les gloires de l'Eglise de France, car s'il nous fallait citer tous les ecclésiastiques qui se sont occupés de politique, la liste serait bien longue et comprendrait les noms les plus célèbres. Si la doctrine de Monseigneur l'Archevêque de Paris était admise, il ne pourrait plus y avoir ni savans théologiens, ni canonistes, ni commentateurs des Écritures saintes, qui ne méritassent d'être censurés. Il en résulte que cette doctrine est absurde, inadmissible, et ne peut être considérée que comme une innovation très dangereuse.

Nous ne devons pas nous étonner de voir les partisans du juste-milieu et les doctrinaires, chercher à éloigner le clergé des affaires publiques dans les momens où ils redoutent son influence, parce que ces hommes, qui n'ont d'autre mobile que leur intérêt privé et leur amour du pouvoir, recherchent aussi l'appui de ce même clergé lorsqu'ils croyent que son intervention peut leur être utile : c'est la tactique qu'ils suivent en France, en Espagne et partout. Ainsi on entend Gareli dire, avec l'impudence d'un janséniste, « que le clergé ne doit pas se mêler de politique, parce que ces questions ne sont pas à sa portée. » Il y a peu de jours, lorsque l'influence du clergé

était nécessaire, nous avons vu Martinez de la Rosa et To-
reno, inviter, par le ministère d'Odonnell et de Montes de
Oca, ce même clergé à prendre part à leur entreprise.
Ils ont sans doute pris des leçons du journal *des Débats*,
l'organe du juste-milieu du monde entier, et dans les co-
lonnes duquel on insulte aujourd'hui le clergé, et demain
on le flatte et on invoque son appui.

Que les partisans du juste-milieu adoptent la maxime
de l'incompatibilité du sacerdoce avec la politique, cela
se conçoit; mais qu'un archevêque de Paris, un des
plus grands dignitaires de l'Eglise s'en empare, la pu-
blie, et impose la suspension des fonctions ecclésiastiques
à celui qui ne s'y conformera pas, cela est incompréhen-
sible.

Je crois que Monseigneur l'Archevêque de Paris ne
trouvera rien qui vienne à l'appui de son opinion, même
dans les nations païennes, barbares ou civilisées, dans
les anciennes comme dans les modernes. Partout le sacerdoce exerce une grande influence dans les affaires de
l'Etat. En parcourant l'histoire du christianisme, on verra,
dans les premiers siècles, les évêques chrétiens se mêler
de toutes les affaires qui agitaient les fidèles. Dans ces
temps heureux, l'autorité ecclésiastique était un mélange
admirable de sacré et de profane, de spirituel et de tem-
porel. Dans le moyen-âge, qui a travaillé plus que le
clergé à organiser les sociétés modernes de l'Europe?
Aussi était-il arrivé à former lui-même le premier corps de
l'Etat en France, en Allemagne, en Angleterre, en Italie
et en Espagne. Qui a renversé ce magnifique édifice élevé
en grande partie par la sagesse et la prudence du clergé?
Les révolutionnaires! Qui a recueilli les dépouilles de ce
corps puissant et dont l'influence bienfaisante s'est fait
sentir pendant plusieurs siècles pour le bonheur des na-

tions? Les révolutionnaires. Aussi sont-ils conséquens à leurs principes. Mais que des ecclésiastiques adoptent contre le corps auquel ils appartiennent les maximes des révolutionnaires, c'est une bien grave inconséquence !!

Les Espagnols qui honorent leur patrie et s'enorgueillissent de ses gloires passées, pourront-ils jamais oublier ces fameuses assemblées ou conciles de Tolède, dans lesquels on peut dire que l'on posa les bases de cette législation sage et prudente protectrice de la vraie liberté? Pourront-ils oublier un Cisneros, un Mendoza, et tant d'autres bienfaiteurs du peuple espagnol? Partout les ecclésiastiques ne se sont-ils pas acquis des droits à l'amour et au respect des nations? Pourquoi veut-on aujourd'hui les isoler de la société comme des parias indignes d'en faire partie? Heureusement que tous les évêques catholiques ne pensent pas comme Monseigneur l'Archevêque de Paris. Ne voyons-nous pas les évêques d'Irlande unir leurs efforts à ceux d'O'Connell pour obtenir la liberté religieuse et politique de leur patrie? Le célèbre Mc Hale ne se rend-il pas dans presque toutes les assemblées avec O'Connell pour lui prêter l'appui de son éloquence et de son influence sur le peuple? et cependant ce prélat jouit de toute l'estime de notre saint père le Pape qui n'a jamais pensé à désaprouver sa conduite !!

En Belgique, les évêques n'exhortent-ils pas le peuple à se rendre aux élections, afin de faire élire ceux qui doivent représenter le pays et défendre ses intérêts? Les évêques d'Espagne n'ont-ils pas pris parti dans les questions qui agitent ce malheureux pays? Notre saint père le Pape, le père de la chrétienté, ne gouverne-t-il pas ses Etats *politiquement*, sans contrevenir cependant à l'esprit évangélique? Ses ambassadeurs auprès des puissances étrangères ne sont-ils pas des ecclésiastiques? Ne prend-il pas une part active dans la politique des autres royaumes, parce que le bien de l'Eglise universelle l'exige ainsi? Monseigneur l'Archevêque de Paris n'est-il pas un des plus ardens partisans de l'ordre de choses créé par la révolution de juillet? Monseigneur ne doit pas se fâcher si on ne lui obéit pas, car il est en opposition avec les évêques de toute la chrétienté, soit anciens ou modernes; bien plus, il est en contradiction avec lui-même, puisque nous avons ici M. de Genoude, un ecclésiastique, qui est rédacteur d'un journal purement politique, et qui cependant célèbre la sainte messe à Paris tous les jours, sans que Monseigneur l'Archevêque ait songé à le lui interdire. D'où vient cette différence établie entre lui et moi? Monseigneur l'Archevêque craindrait-il le rédacteur de la *Gazette de France*?

Je regrette vivement de ne pas avoir l'érudition et le talent nécessaires pour traiter à fond les questions politiques ; jamais elles n'ont eu tant de besoin d'être discutées qu'aujourd'hui pour assurer le bien-être et la tranquillité des peuples.

Tout ce qui précède est si clair et si évident, que ceux qui ont entraîné Monseigneur l'Archevêque dans la voie dangereuse de l'arbitraire à mon égard, reconnaissant la fausse position dans laquelle ils l'ont placé, veulent maintenant alléguer d'autres prétextes ; je pourrais me limiter à répondre à ce qui me fut dit lorsqu'on me communiqua l'interdiction, et à ce que le *Moniteur* publia le lendemain ; mais puisqu'on m'appelle sur un autre terrain, puisqu'on m'offre une nouvelle occasion de sortir de cette affaire très honorablement pour moi, je ne veux pas la laisser échapper ; je ne refuse pas le combat que m'offrent mes ennemis parce qu'ils ont changé leurs armes. Quelles sont donc ces armes? demanderont sans doute mes lecteurs. Ces armes sont la charité, le zèle pour la gloire de Dieu, et l'amour de la paix! On m'accuse d'avoir attaqué dans mes écrits des personnes respectables, de les avoir dénigrées, diffamées. Il serait nécessaire que je susse d'abord en vertu de quel pouvoir Monseigneur l'Archevêque de Paris se porte le défenseur de ces personnages qui se disent diffamés par moi. Sont-ils mineurs, qu'ils ne puissent se défendre eux-mêmes? Ai-je attaqué des veuves, des orphelins? Non! La majeure partie de ceux qui ont à se plaindre de moi, sont des hommes riches; plusieurs d'entre eux ont assez de talent et de facilité à manier la plume pour me répondre et laver leur honneur, si cela leur était possible! Pourquoi donc ne le font-ils pas? Depuis deux ans je ne cesse de les y engager; je serais heureux, si je les ai accusés à tort, d'être convaincu de mon erreur; ce serait avec plaisir que je leur ferais amende honorable et que je reconnaîtrais l'injustice dont je me serais rendu coupable envers eux. Mais puisqu'ils sont parvenus à intéresser en leur faveur un si puissant personnage que Monseigneur l'Archevêque de Paris, qui prend la défense de leur honneur en m'enlevant le mien, je dois répondre à Monseigneur, et je le ferai sans sortir des bornes du respect qui lui est dû.

Je suis un calomniateur! l'écrit anonyme publié contre moi il y a quelque temps l'a dit, et il paraît que Monseigneur l'Archevêque l'approuve sans le dire, puisque c'est à la suite de ma réponse à cet écrit qu'il a cru devoir m'interdire.

Pourquoi suis-je calomniateur? Parce que j'ai écrit contre une poignée d'hommes que j'ai désignés par leurs noms, auxquels j'ai adressé des reproches bien sévères, mais que j'ai signés. Je les ai appelés assassins; cette qua-

lification paraît-elle trop dure à Monseigneur l'Archevêque? S'il en était ainsi, ce serait parce que sa grandeur
ne connaîtrait pas les faits auxquels ils ont pris part et
qui leur ont mérité ce titre; mais si Monseigneur veut se
donner la peine de lire ce qui suit, il verra que je ne suis
que juste.

Le 18 février 1839, six hommes, l'honneur du nom
espagnol, furent lâchement assassinés; ces hommes,
dont le sang avait coulé dans bien des combats soutenus
pour leur religion, tombèrent victimes d'un monstre, de
Maroto; et tous ceux que Monseigneur couvre aujour-
d'hui de sa protection, applaudirent à ces atrocités qu'ils
avaient approuvées en envoyant d'avance leur signature
au bourreau afin d'augmenter son courage; ils profitèrent
du désordre qui suivit ces actes de barbarie, les uns pour
sortir des prisons où les avaient plongés leurs méfaits, les
autres pour s'emparer des emplois qu'ils convoitaient
sans pouvoir les atteindre. Je demanderai s'il y a quelque
loi au monde, loi divine ou humaine, qui puisse m'empêcher de dire que ces hommes sont des assassins? Je les
ai appelés traîtres, ce n'est pas sans motif. Il y en a un
grand nombre que je réserve pour ne les dévoiler que
quand le temps de le faire sera venu; mais je puis en
présenter à la considération de Monseigneur l'Archevêque,
un seul, qui devra lui paraître bien suffisant pour me justifier du reproche de calomnie. Ce même Maroto, après
l'assassinat des généraux fidèles, se mit à la tête de quelques bataillons qu'il avait séduits et abusés, envoya un de
ses affidés dire au prince qu'il avait reconnu pour son roi,
qu'il chassât d'auprès de lui les hommes que Maroto lui dé-
signait, sans quoi il viendrait les fusiller jusque sous ses
yeux. Un autre reçut l'ordre de fusiller quiconque s'op-
poserait à l'exécution de ses volontés, fût-ce le roi lui-

même ! Eh bien, Monseigneur, cet homme, ou plutôt ce monstre, a été l'idole encensée par les protégés de votre grandeur ! ils approuvèrent tous la conduite et le langage sacrilége de Maroto envers son roi ! Maroto asservit son roi, le détrôna, etc. Tous ces actes, il les effectua avec l'appui de ceux que vous protégez, Monseigneur ! Croyez-vous qu'il ne me soit pas permis de dire qu'ils sont des traîtres ?

Il y avait dans les provinces basco-navarraises un gouvernement créé par les efforts d'un peuple et d'une armée qui combattaient pour la défense de leurs anciennes lois et de leur religion ; à la tête de ce gouvernement il y avait un roi légitime, ou, pour mieux dire, dans ce roi résidait le gouvernement de ce peuple et de cette armée. Ce roi, pour des motifs justes et graves, avait fait mettre en jugement plusieurs généraux accusés, les uns de trahison, les autres de dilapidation des deniers publics, d'autres de vols et autres crimes ; ces hommes furent mis en liberté par Maroto ; les juges qui avaient donné leur avis sur leur procès furent exilés. Dans ces attentats, les protégés actuels de Monseigneur l'Archevêque étaient complices : n'ai-je donc pas la liberté et le droit de dire qu'ils sont des voleurs ? puisqu'ils ont protégé, secouru et recherché l'amitié des voleurs connus pour tels, c'est parce qu'ils leur ressemblaient ; cela est sans réplique.

Cette poignée d'hommes est ensuite parvenue, à force de ruse et de perversité, à vendre et à dissoudre une belle armée composée de vaillans soldats qui avaient pris les armes pour défendre leur patrie, leur religion et leur roi ; ils sont cause que plusieurs millions d'hommes gémissent sous le joug révolutionnaire, ils ont livré leur pays à ses plus cruels ennemis, et, non contens de cela, ils travaillent sans relâche pour empêcher la nation de retrouver le calme et le bien-être qui lui sont si nécessaires et après lesquels elle soupire depuis si long-temps; enfin ce sont des hommes corrompus, sans foi ni loi. C'est ainsi qu'il faut considérer les choses. Lorsqu'on voit les maux causés par les trahisons et la perversité de cette poignée d'intrigans que j'appelle traîtres, voleurs et assassins, on doit cesser de les plaindre et de s'intéresser à leur sort. On serait coupable de protéger quelques misérables au détriment de la masse des innocens.

Si ce qui précède ne suffit pas pour convaincre Monseigneur l'Archevêque de Paris que, dans tout ce que j'ai écrit, je n'ai dit que la vérité et que je me croyais obligé en conscience à le faire; si Monseigneur conserve encore le désir de croire à l'innocence de ses protégés, je vais lui indiquer un moyen de trancher la question d'une manière définitive : que Monseigneur fasse traduire mes écrits devant les tribunaux. Tous les avantages sont de son côté : il est Français, il est un des grands dignitaires de l'Eglise. Protégé du gouvernement, tout est pour lui. Je ne suis qu'un pauvre étranger, émigré, sans ressources, sans appui et persécuté. Malgré tous ces désavantages, je conjure Monseigneur d'avoir recours à ce moyen, et je lui promets que s'il est prouvé qu'il y en a un seul parmi ceux que j'ai attaqués qui soit innocent, je me rétracterai publiquement, je brûlerai mes écrits et je me condamnerai à un silence éternel. Que Monseigneur accepte ma proposition, et l'on verra de quel côté se trouvent la justice et la vérité. Peut-être, en agissant ainsi, a-t on voulu blesser en ma personne le clergé espagnol, parce qu'il y a quelques insensés qui ont osé dire que ce clergé était composé de bandits aussi ignorans que stupides. S'il en était ainsi, cela pourrait donner lieu à des récriminations très fondées. On pourrait prouver que ce clergé, qu'on représente comme ignorant et barbare, a su conserver intacte dans le peuple la religion catholique; qu'il a produit un grand nombre de saints et d'hommes illustres que le monde chrétien admire encore aujourd'hui; le clergé espagnol, uni à la chaire de saint Pierre et obéissant au Père commun des fidèles, n'a pas eu besoin d'aller apprendre les sciences sacrées chez les autres; au contraire, il a porté la connaissance de notre religion chez bien des nations sauvages, auxquelles il a appris à adorer le vrai Dieu.

Je supplierai Monseigneur l'Archevêque de Paris, ses conseillers et tous les ecclésiastiques qui voudront me répondre, de me citer une loi, un écrivain moraliste, théologien, canoniste ou philosophe, par lequel on pourra me prouver que j'ai eu tort, ayant en mains les documens que je possède, connaissant les faits que je connais, que j'ai eu tort, dis-je, de publier ce que j'ai publié, d'écrire ce que j'ai écrit. Quant à moi, je le répète, j'ai la conscience d'avoir rempli un devoir sacré.

L'interdiction prononcée contre moi par Monseigneur l'Archevêque de Paris est déjà connue en France et à l'étranger, et partout on a blâmé Monseigneur. Les uns disent, que Monseigneur l'Archevêque n'aurait pas osé agir ainsi envers un Français, parce qu'il aurait été forcé de revenir sur cet acte de sévérité déplacée; d'autres rappellent l'accueil bien différent que reçurent en Espagne les prêtres français qui s'y réfugièrent pour fuir la hache révolutionnaire; partout ils étaient regardés comme des martyrs confesseurs de la foi, et Monseigneur l'Archevêque de Paris qui, seul entre tous les évêques de France, n'avait témoigné aucune compassion ni sympathie pour les Espagnols expatriés, se montre maintenant aussi cruel

que les révolutionnaires, en saisissant le premier prétexte pour persécuter un malheureux ecclésiastique qui
s'est trouvé sous sa main, parce qu'il savait qu'il pouvait
être injuste à son égard impunément. Il résulte cependant
de toute cette affaire, qu'en voulant me nuire, Monseigneur et ses protégés n'ont nui qu'à eux-mêmes. Depuis
cette persécution, je reçois de tous côtés des marques de
vives sympathies, même de personnes qui ne professent
pas mes opinions politiques, mais qui détestent l'injustice et la violence de quel côté qu'elles se produisent. Et ce
qui m'a été plus sensible encore, et que je ne puis rap-
peler sans une émotion profonde, c'est la générosité che-
valeresque d'un grand nombre d'Espagnols résidant à Paris, qui, sans considération d'opinions, en apprenant la
mesure illégale dont je venais d'être victime, et qu'ils ont
considérée comme une insulte à l'honneur espagnol attaqué dans la personne d'un ecclésiastique dont la conduite est à l'abri de tout soupçon, ont consulté des personnes entendues; et, s'étant convaincus que Monseigneur
l'Archevêque avait outre-passé ses pouvoirs, ils sont venus
m'offrir de me donner les moyens de me rendre à Rome,
pour, appuyé de leur influence et de leur crédit, obtenir de
notre saint père le Pape que justice me soit rendue, et que
mon honneur et celui du clergé espagnol, dont je suis
membre, soient lavés de la tache que Monseigneur l'Archevêque de Paris a voulu y imprimer.

Ce trait de générosité et d'estime pour moi, si digne du
caractère espagnol, me dédommage amplement de toutes
les persécutions de mes ennemis; il prouve aussi que
les Espagnols ne sont pas si éloignés de s'unir entr'eux
comme on pourrait le croire; il y a encore parmi nous de
la nationalité et de la religion : ces deux grands liens
finiront par ramener l'union et la concorde dans une

nation à qui la divine Providence réserve encore des jours de gloire et de bonheur, en dépit des étrangers qui fomentent nos discordes pour en profiter.

Si les protégés de Monseigneur l'Archevêque de Paris conservaient quelques sentimens d'amour pour leur patrie, s'ils n'étaient vendus corps et âme à l'étranger, cette leçon pourrait leur être utile ; mais ils ne veulent que s'enrichir et vendre à leur profit la cause publique : c'est pour cela qu'ils n'apprennent rien et n'oublient rien.

Paris, le 22 novembre 1841.

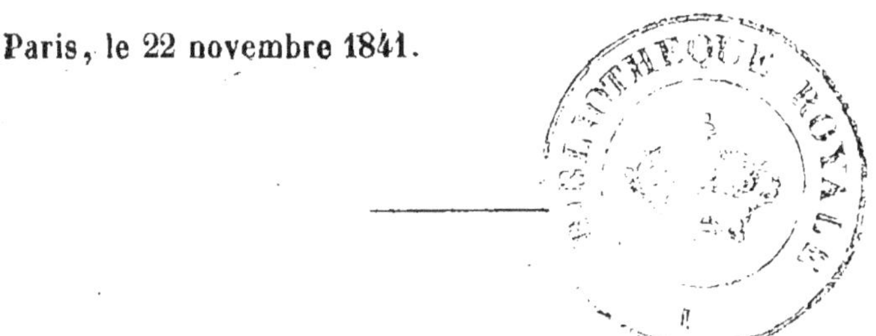

Prix de cette brochure : 50 centimes.

Elle se vend chez DENTU, Palais-Royal, galerie d'Orléans.

On trouve à la même librairie :

LE DÉFI PORTÉ AUX MAROTISTES,

Brochure in-8°. — Prix : 2 fr. 50 c. ;

Ainsi que tous les ouvrages du même auteur.

Ils se trouvent également rue Saint-Honoré, 188, au premier.

IMPRIMERIE D'ÉDOUARD PROUX ET Cⁱᵉ, RUE NEUVE-DES-BONS-ENFANS, 3.